NOTICE HISTORIQUE

SUR LE

PORTIQUE ET LES CARIATIDES

DE PIERRE PUGET

PAR

Ch. GINOUX

MEMBRE DE L'ACADÉMIE DU VAR, A TOULON

PARIS
TYPOGRAPHIE DE E. PLON, NOURRIT ET Cie,
RUE GARANCIÈRE, 8
—
1886

NOTICE HISTORIQUE

SUR LE

PORTIQUE ET LES CARIATIDES

DE PIERRE PUGET

Ce mémoire a été lu à la réunion des Société savantes et des Beaux-Arts des départements à la Sorbonne, dans la séance du 28 avril 1886.

NOTICE HISTORIQUE

SUR LE

PORTIQUE ET LES CARIATIDES

DE PIERRE PUGET

PAR

Ch. GINOUX

MEMBRE DE L'ACADÉMIE DU VAR, A TOULON

———◆———

PARIS

TYPOGRAPHIE DE E. PLON, NOURRIT et Cie,
RUE GARANCIÈRE, 8

1886

NOTICE HISTORIQUE
SUR LE
PORTIQUE ET LES CARIATIDES
DE PIERRE PUGET

Bien des fois, il a été répété que, vers la fin du dix-septième siècle, on a eu la pensée de transporter à Paris les Cariatides de Puget, mais sans jamais oublier d'ajouter que, dans la crainte d'une détérioration complète de ces figures en les enlevant et les transportant, les promoteurs de cet acte de spoliation renoncèrent à leur projet [1]. Malgré cette tradition locale, à tort ou à raison accréditée, et qu'ils n'ont pas dû ignorer, des Toulonnais n'ont pas craint, en 1825, et même dans ces derniers temps, de mettre en avant l'idée bizarre de détacher, dans le but de leur assurer une plus longue durée, les Cariatides du portique; oubliant ou ignorant que ces deux choses, à tous les points de vue faites l'une pour l'autre, ne peuvent être séparées; oubliant, par conséquent, qu'on ne saurait, sans troubler profondément l'harmonie de l'ensemble, distraire de cet ensemble, pour la remplacer par une copie, la partie la plus importante et la plus inimitable. En résumé, la substitution ou plaquage d'une copie, quelque parfaite que fût cette copie, en faisant tache et en rompant l'unité, gâterait le monument de Puget, en même temps que les Cariatides originales, sépa-

[1] On dit, sans qu'il existe de documents écrits, que Colbert, marquis de Seignelay, après avoir vu les Cariatides, proposa à Louis XIV de les faire transporter à Paris, et que le Roi refusa. Seignelay, ministre de la marine, vint à Toulon le 26 avril 1684. A cette date, le *Milon* se trouvait à Versailles depuis près de six mois, et l'on y attendait l'*Andromède*. Il est peu probable qu'il soit venu à la pensée du ministre, pas plus qu'à celle du Roi, lorsqu'il les admira, en 1660, moins de trois ans après leur achèvement, d'enlever les Cariatides du portique.

rées du portique et reléguées dans l'intérieur d'un édifice, offriraient un bien moindre intérêt, tant à cause de leur isolement que de la privation de la claire lumière du soleil. Heureusement que les Commissions chargées de rechercher les moyens de conserver l'œuvre de notre éminent compatriote ont été détournées de cette malencontreuse idée de déplacement, par les mêmes considérations qui, d'après la tradition, en arrêtèrent autrefois la spoliation. Une de ces Commissions, celle de 1827, qui avait trouvé que le seul moyen de conserver les Cariatides était de les séparer du portique, après avoir avancé que, par des procédés devant assurer le succès de l'opération, on pouvait enlever ces figures sans risquer de les perdre, continue son rapport par des paroles complétement opposées à ces dernières; voici ces paroles : « Au reste, quels que soient les procédés que l'on croira devoir adopter, et dont l'examen devra être l'objet d'un travail spécial, nous avons reconnu que l'opération était en elle-même aussi dangereuse qu'elle était nécessaire »; ce qui revient à dire qu'il y a autant de danger à les enlever qu'à les laisser. Et c'est cette inconséquence flagrante, que nous ne voulons attribuer qu'à une réflexion meilleure, qui a empêché cette Commission, de même que celle de 1867, de commettre le sacrilége de procéder à l'enlèvement des admirables figures dont Puget a doté sa ville adoptive [1].

Aujourd'hui que la question de déplacement, qui, il y a deux ans, a été l'objet d'une polémique assez vive, et qui menaçait de s'éterniser, semble tranchée pour toujours, et que, à la suite de restaurations intelligentes et savantes, les Cariatides et le portique nous apparaissent dans tout leur éclat primitif, permettez-moi, Messieurs, de vous exposer tout ce qui, pendant près de deux siècles et demi, a été dit et fait, dans les régions officielles locales, au sujet du chef-d'œuvre de l'illustre statuaire provençal.

[1] Les diverses commissions qui se sont occupées des Cariatides n'ont jamais parlé de l'enlèvement total du portique; elles se sont bornées à vouloir détacher du massif ces adorables figures. Dans une réunion de la Commission de 1867, le secrétaire rapporteur dit : « M. de Clinchamp croyait ce transfert possible ; mais la commission des Beaux-Arts, devant la difficulté d'une si délicate opération, n'a pas cru devoir la conseiller, avant la reproduction en bronze de l'œuvre de Puget, reproduction à laquelle pourraient servir les anciens moules, après un examen attentif de leur état actuel. »

1606. — Lorsque, à la suite de la délibération du 23 décembre 1606 [1], prise par le Conseil communal, et après modification apportée dans le plan par M. de Bonnefont, ingénieur du Roi [2], on commença à construire l'Hôtel de ville, les revenus de la communauté « étant nécessaires pour payer les charges et pensions » [3], on réduisit à sa plus simple expression l'ornementation de l'édifice municipal; à tel point que sa principale porte ne différait de celles des maisons particulières que par les armoiries du Roi et de la Ville qui la surmontaient; armoiries qui avaient été sculptées dans le marbre par Armentaire Rebouillon [4]. Les travaux de construction marchèrent lentement; ils n'étaient pas achevés en 1626 [5]. Dix-sept ans plus tard (1643), les charges de la Ville ayant diminué, le Conseil délibéra, dans sa réunion du 15 juillet, de faire construire, dans la maison commune, une chapelle sous le vocable de Saint-Jean-Baptiste [6]. Le prix fait en fut passé par les Consuls avec Esboulson, à la suite de la délibération du 4 août suivant [7]. Guillaume Grève, d'Avignon, fit, la même année, un tableau (tableau perdu), représentant la *Naissance de saint Jean,* pour cette chapelle [8], à la décoration de laquelle prit également part Jean Jacques, peintre de Paris, résidant à Toulon [9].

1655. — Le 16 février 1655, le Conseil municipal décida de remplacer la porte de l'Hôtel de ville par une nouvelle porte plus grande et plus ornée. « Led. Conseilh a encore délibéré qu'il sera fait une porte en forme de portailh du costé du midy, en cet hostel de ville suivant le dessin (fait par Nicolas Levray), quy a été représenté au Conseilh par messieurs les Consuls à heulx émanés par Jacques Richaud, tailleur de pierre. Lequel portail sera fait de notre pierre grise polie en la forme de marbre à la meilleure condition que fere se pourra et à ce fins pouvoir est donné auxdits Con-

---

[1] Archives communales, série BB, 53 (Registre), p. 288.
[2] Archive communales, série BB, 53 (Registre), p. 314.
[3] *Id.*, p. 342. (La ville avait eu recours à des emprunts pour la construction de nouveaux remparts et le creusement du magnifique port de commerce actuel.)
[4] *Id.*, p. 315.
[5] *Id.*, série BB, 55, p. 390.
[6] *Id.*, série BB, 61 (Registre), p. 203.
[7] *Id.*, p. 210.
[8] *Inventaire sommaire*, p. 429. Lettre T.
[9] Archives communales, série BB. Registre des délibérations de 1641 à 1644.

suls d'en donner le prix fait à ceux qui en feront la condition la meilleure [1]. » Le 22 avril suivant, les Consuls passaient prix fait avec Nicolas Levray, d'après le dessin « présenté et signé par lui ». au prix de 1,200 livres [2]. Peu après, Puget ayant présenté un dessin de la porte actuelle, les Consuls, après résiliation du précédent prix fait, en passèrent un nouveau avec Puget et Richaud; et, le 24 janvier 1656, le Conseil ratifia l'acte de prix fait de ladite porte, passé entre les Consuls et Puget (doublé de Richaud pour le cautionnement), le 19 du même mois, et reçu par M° Arnaud, notaire [3]. « Led^t Conseilh a ratifié et aprouvé l'acte de prix fait de Luisiere de la porte de la maison de ville du cousté du midy, bailé par les Srs Consuls à Pierre Puget et Jacques Richault, maçon, resseu par M° Arnaud not^{re} le 19 du présent moys. »

« Sera payé ausdict Puget et Richault Prifachiers de Luiserie de la maison de ville la somme de six cens livres par advance et de son prix fait et mandat sera fait suivant l'acte reseu par M° Arnaud not^{re}, le 19 du présent moys. » Et le sculpteur Nicolas Levray, l'auteur du premier dessin présenté, n'exécuta pas la porte; mais en compensation, sans doute, il fut chargé, la même année, pour le prix de cinq cent vingt-cinq livres, de la construction, en face de ladite porte, sur la Place de la Mer, d'une fontaine « composée d'architecture, de figures et d'ornements », pour lequel travail Joseph Labbé, « sculpteur du lieu de Lambesc, habitant Toulon », se porta caution [4]. Trois ans plus tard, comme il manquait un couronnement au monument de Puget et à la porte du balcon, le Conseil communal délibéra, le 10 janvier 1659, de faire placer au-dessus un grand buste du Roi et une riche plaque avec inscription, dont les Consuls donnèrent le prix fait à Puget. (Voir aux Annexes.)

1692. — Depuis le moment où Puget termina son portique, il n'est plus parlé de cette œuvre dans les Archives, si ce n'est en 1692, juste deux ans moins un jour avant la mort de l'artiste, retiré à Marseille depuis une douzaine d'années.

« Conseil du 1er décembre 1692. — Par délibération du Con-

---

[1] Archives communales, série BB, 61 (Registre), p. 354.
[2] *Id.*, série DD, 6, p. 140.
[3] *Id.*, p. 233.
[4] *Id.*, p. 234 et 284.

seil du d. jour a esté délibéré qu'il sera payé à François Flour, m^tre paintre de ceste ville, la somme de soixante-quinze livres pour avoir donné et mis un vernis sur les figures et au reste de ce qui compose le balcon de l'hôtel de ville du cousté du port pour les conserver, suivant le marché qui avait été aresté et rapportant acquit dud^t ladite somme sera admise [1]. »

1735. — En 1735, on fit restaurer le portique et les Cariatides. Cette restauration est constatée par la délibération suivante : « Délibération du 17 octobre 1735. — Se retiendra led. trésorier la somme de deux cens vingt livres qu'il a payées à Sr Jean-Baptiste Dubreuil, sculpteur, pour le prix des travaux et ouvrages qu'il a fait pour réparer le balcon de l'Hôtel-de-Ville le netoyer des termes (nettoyage des Cariatides) du Puget duquel ouvrage il en fut dressé un devis par le Sr Blanc inspecteur des travaux de la communauté mis aux enchères le vingt aout d^nier délivré au d^t Dubreuil concessions étant à l'avantage de la com^té l'ouvrage ayant été recetté par le Sr Blanc suivant son certificat à la suite des enchères, au bas duquel est le mandat de M^rs les maire et consuls et l'acquit du d^t Sr Dubreuil le tout dans un cayer leq^l rapportant sera admis [2]. »

1761. — Vingt-six ans après, on répare à nouveau le portique. « Délibération du 6 mars 1761. — Le Conseil délibère de faire réparer le portique du fameux Puget. Ces réparations consistant dans le changement du plomb du balcon et des conduits pour le dégorgement des eaux, au nettoiement des statues et ornements en leur donnant une couleur conforme à celle que Mr Puget employa lors de la construction, ce qui exige le travail d'ouvriers en divers genres, ouvrages peu susceptibles d'enchères, que M^r l'intendant sera très-humblement supplié d'autoriser la com^té à y faire travailler par économie [3]. »

---

[1] Archives communales, série BB, 70, p. 220 et 26. Par délibération du 22 du même mois, on faisait acheter deux boules en pierre pour remplacer les deux qui manquaient, et que Puget avait fait placer sur les acrotères des angles du balcon. On ne sait rien autre du « maître peintre » François Flour, si ce n'est que, en 1721, il possédait une campagne aux environs de Toulon. Un autre peintre du nom de Flour, prénommé Pierre, peignait, de 1682 à 1720, les vaisseaux du Roi, et, en 1697, des écussons sur lesquels étaient représentées les armes de la chapelle du *Corpus Domini*.

[2] Archives communales, série BB, 86 (Registre), p. 7.

[3] M. Latour, intendant de la province, à Aix, accorda, le 23 mars de la même

1791. — En 1791, dans la réunion du Conseil général de la commune, qui eut lieu le 18 juillet, M. Brunel fait la proposition suivante à ses collègues, en vue des mesures à prendre pour la conservation de l'œuvre de Puget :

« Un monument qui fait l'admiration des étrangers et des citoyens, qui, pour la gloire de la France, en fait de Beaux-Arts, devrait durer jusqu'à nos derniers neveux, court le risque de tomber en ruines dans peu de temps ; ce chef-d'œuvre dont je veux vous parler, ce sont les figures cariatides que vous avez pour soutien au balcon de l'Hôtel-de-Ville.

« Ce balcon est couvert de plomb pour empêcher que les eaux

---

année, l'autorisation demandée. — Archives communales, série BB. 92 (Registre). A la suite d'une délibération du 26 septembre 1740 (Archives communales, série BB. 87, Registre, p. 1), on continuait la réfection des fenêtres de la façade de l'hôtel de ville, et dans la séance du 18 octobre de l'année suivante, le maire proposait de réparer et décorer ladite façade. « Proposition sur la décoration de l'hôtel de ville : M. D'Antrechaus maire et premier consul a dit que pour répondre à l'empressement que le public témoigne depuis longtemps de voir réparer et embellir la façade de l'hôtel de ville, messieurs les consuls ses collègues et luy se seraient adressés au sieur Lange, architecte du Roy entretenu au port de cette ville (Lange, maître sculpteur de la marine), homme dont tout le monde connaît le désintéressement et l'habileté ; Lequel, après beaucoup de travail et d'assiduité et différans dessains dont on ne pouvait entreprendre l'exécution à cause de la trop grande cherté de l'ouvrage, a présenté enfin un dernier plan generallement approuvé bien moins couteux et qu'il offre lui-même d'exécuter au prix de dix mille livres ; scavoir six mille livres pour la façade de l'hôtel de ville telle qu'elle est représentée dans le dessin remis à M: les consuls et du conseil, et quatre mille livres pour la seconde façade du côté du levant requérant le conseil de délibérer si l'on doit accepter la proposition dud. s^r Lange et la mettre à exécution.

« Surquoy le conseil adherant aux intentions de toute la ville qui souhaite depuis longtemps cette décoration a donné pouvoir à M: les maire et consuls de traiter du marché avec led. s^r Lange suivant l'offre qu'il a fait de dix mille livres, sans que la somme puisse excéder et de passer à ce sujet avec la communauté tous actes et conventions nécessaires, après toute fois qu'il aura plû à Monseig^r de la Tour premier président et intendant daprouver et autoriser la présente délibération. » (Archives communales, série BB. 87, Registre, p. 88.)

Henry, archiviste, dit, dans le *Guide toulonnais* de 1851, que ce dernier projet d'embellissement de la façade principale consistait, d'après un dessin vu par lui aux Archives, à ajouter à la porte du balcon, au premier étage, un fronton soutenu par deux colonnes ou deux pilastres, et sur les rampants duquel seraient placées deux figures représentant la Force et la Prudence ; et de surmonter la même façade d'un attique avec quatre vases en amortissement.

Ce projet, paraît-il, fut mis de côté, l'intendant de la Provence ne l'ayant pas approuvé, à cause de la dépense.

pluviales ne fassent, par leur stagnation, tomber ce bel ouvrage. Cependant, à la longue, tout se dégrade, le plomb est totalement usé; il y a des fentes considérables où l'eau s'introduit, laquelle défait la liaison du stuc, qui est la matière qui compose ces figures. Il est même déjà tombé, à côté d'une figure, un morceau d'ouvrage, preuve que le tout pourra suivre le même sort.

« Sur cela, je demande au Conseil général que l'on change ce plomb, et qu'ensuite on passe une couleur bien conditionnée sus lesdites Cariatides pour empêcher l'air de dévorer cette production du célèbre Puget, afin qu'on ne dise point que dans le siècle des lumières on néglige un objet qui honore la France, et qui rend l'Italie jalouse des Français. »

A la suite de cette proposition, adoptée par tous les conseillers, il fut présenté au Directoire du district un état des réparations à faire aux Cariatides; état qui renferme les articles suivants [1] :

Faire en pierre, le Calissanne [2] le pivot (piédouche) du piédestal (acrotère) qui soutient la boule gauche du balcon.

Réparer la draperie de la figure qui est à droite, y ajouter un morceau qui reste et le rejoindre à sa place ultérieure.

Réparer le limaçon de la même draperie du côté droit.

Le bras droit, au-dessous du coude, une fente à mastiquer.

Un bout de ruban, au-dessous de la coquille sur le pilastre, à raccommoder.

La figure gauche au bras droit une fente qui a besoin d'être mastiquée.

La draperie à réparer en quelques endroits du côté droit.

Le ruban, au-dessus de la coquille, à rajuster; quelques denticules qui manquent à l'écusson des cydevant armes de la Ville [3]; à

---

[1] On a dû remarquer que dans la proposition Brunel, il n'est nullement question de reproduction en pierre ou autre matière, ni de coulage en plâtre, des Cariatides, alors, cependant, qu'on croyait que le « stuc était la matière qui composait ces figures ».

[2] Le terroir ou quartier de Calissanne, d'où l'on extrait, mais beaucoup moins qu'autrefois, la pierre de ce nom, limite, à l'ouest, celui de Saint-Chamas, village situé sur l'étang de Berre et à trois lieues sud de Salon (département des Bouches-du-Rhône).

[3] Les armoiries sculptées par Puget sur l'acrotère médian du balcon ayant été mutilées, Hubac les remplaça en 1827.

Les bustes des *Saisons*, greffés dans le mur de la façade, au-dessus des fenêtres du premier étage, sont attribués à Hubac.

faire quelques culots de la guirlande qui se trouve sur l'arc de la porte, qui sont cassés; y en faire d'autres.

A réparer au mortier gris les pilastres où sont adossées les figures, et crépir quelques endroits du mur.

Passer un gris à l'huile sur les figures, les pilastres, les ornements et autres sculptures, ainsi que tous les accessoires, en deux bonnes couches de couleur sur tous les objets ci-dessus détaillés, etc.

Suit la manière de composer l'enduit : il ne devra pas être fait de simple plâtre, comme il avait été fait ci-devant aux endroits dégradés; mais il sera composé de bonne céruse de Hollande et de noir de charbon, bonne huile de noix et huile grasse.

Le devis de ces réparations s'élevait à 443 francs.

La proposition adoptée par le Conseil de la commune le 18 juillet 1791, ne fut approuvée par le Directoire du district que le 9 mai 1792; et par le Directoire du département que le 2 juin suivant [1].

[1] Archives communales, série R. (Tous les documents postérieurs à l'année 1789 font partie de la série R.)

Ce fut vers la même époque, c'est-à-dire après 89, qu'on fit la porte actuelle du balcon, de style Louis XVI, pour remplacer la porte primitive, ainsi que la niche circulaire qui la surmontait, et dans laquelle se trouvait un grand buste de Louis XIV, sculpté par Puget.

On comprendrait les alarmes du conseiller Brunel, si, comme il le croyait, les Cariatides étaient de stuc, qui est un mortier composé de poudre de marbre blanc et de chaux ou de plâtre, ne résistant pas longtemps en plein air, mais ces figures étant, au contraire, de belle et bonne pierre de Calissanne, ses craintes étaient mal fondées. En effet, cette pierre, qui durcit avec le temps, ne cède le pas, pour les ouvrages de sculpture, qu'au marbre statuaire; elle était autrefois généralement employée, dans la Provence, pour les statues, les ornements, les colonnes. Outre la facilité qu'elle présente pour sa mise en œuvre, elle a un grain très-fin et serré, et la ténuité de ses parties est telle qu'elle permet de rendre avec une extrême pureté jusques aux moindres détails. Je me suis procuré divers fragments de pierre de Calissanne provenant de l'ancienne Porte-Royale ou de France construite en 1682, c'est-à-dire vingt-cinq ans seulement après le portique de Puget. L'un de ces fragments a été détaché d'un petit modèle d'architecture abandonné. Le contre-maître qui a exécuté, il y a environ vingt ans, ce petit modèle, fait un très-grand éloge de la susdite pierre. La pierre de Fonvieille et autres, qu'on emploie de nos jours en Provence, sont loin de valoir la bonne pierre de Calissanne. Les figures et les autres sculptures, faites de Calissanne, qui surmontent la porte de l'hôpital de la marine, et qui ne sont postérieures aux Cariatides que de trente-deux ans, se trouvent en très-bon état de conservation. Il en est ainsi de toutes les autres sculptures anciennes, pour lesquelles on a employé la même

1825. — Trente-quatre ans plus tard (1825), il fut à nouveau question des Cariatides. Le sous-préfet fit parvenir au maire, pour être soumise au Conseil municipal, une lettre non signée, mais au bas de laquelle se trouvaient les mots suivants : « un ami des arts ; un homme éclairé ». Ce fut dans la séance du 3 mai que le maire communiqua aux conseillers cette lettre [1]. Le Conseil communal, après en avoir entendu la lecture, pria le maire de réunir « les artistes les plus distingués de Toulon dans l'art de la peinture et de la sculpture, ainsi que les personnes qui s'appliquent à la culture des sciences et des arts », pour être consultés avant de prendre une délibération au sujet des Cariatides. Aucune suite n'ayant été donnée à cette décision, près de deux ans après, le 1ᵉʳ février 1827, le sous-préfet écrivit au maire les lignes suivantes :

« Monsieur le Maire,

« Le bras droit d'une des Cariatides qui soutiennent le balcon de l'Hôtel de ville est prêt à tomber. Comme un pareil monument mérite d'être conservé, il convient de charger M. Hubac de la restauration. Je vous prie, à cet effet, de vouloir bien vous faire remettre par cet artiste, et me communiquer un rapport sur l'état des Cariatides et sur les moyens à employer pour les restaurer. Je vous serai obligé de ne pas perdre de vue cet objet.

« Il importe, comme je l'ai déjà écrit, d'assurer la conservation d'un monument dû à l'illustre Puget. »

M. Gueit, architecte de la ville, fut chargé par le maire de faire connaître à M. Hubac le désir exprimé par le sous-préfet, dans sa lettre du 1ᵉʳ février 1827.

pierre, qu'on rencontre à Toulon, même de celles qui sont au bord de la mer, sans être enduites de peinture.
On lit dans le prix-fait des Cariatides : « ..... et lequel portique sera fait de pierre de Calissanne de la plus belle fors et excepté les embassements qui seront faits de pierre de cette ville (calcaire), et les boules de la définition du piedestal (boules placées sur les acrotères des angles du balcon, et qu'on ne voit plus) qui seront de pierre gaspée (jaspée) qu'on tire de la pierrière de la Sainte-Baume (la Sainte-Baume, dans le Var)..... »
Quant aux dégradations que signale M. Brunel, elles ne proviennent que du manque de précautions et de l'abandon dans lequel ont souvent été laissés le portique et les Cariatides.
[1] Cette lettre se trouve aux Annexes.

M. Gueit s'étant acquitté de sa mission auprès de M. Hubac, ce dernier fit la réponse qui suit à l'architecte de la ville :

« Monsieur,

« Vous m'avez fait l'honneur de me communiquer la lettre que M. le sous-préfet a adressée à M. le maire de cette ville, relativement à la restauration indispensable à faire aux thermes de la commune, dont quelques parties de leur corps ont souffert considérablement par les eaux d'infiltration de la corniche qu'ils semblent soutenir.

« M. le sous-préfet a bien voulu me désigner pour vérifier le dommage et pour le réparer. Je me sens beaucoup flatté de l'opinion que M. le sous-préfet a de moi, en daignant confier à mes soins ce travail délicat. Mon respect pour cet ouvrage admirable ne me permet pas de promettre d'y mettre la main pour en changer la moindre des parties qui en serait susceptible. Je bornerai volontiers mon engagement à l'unique office de joindre le mieux qu'il me sera possible, avec du stuc, tous les morceaux détachés, de remplir les vides et de les égaliser avec les parties qui les avoisinent, de nettoyer soigneusement, avec un linge mouillé, toutes les surfaces, afin de les préparer à recevoir, si on le désire, l'enduit imperméable de M. Maison-Rouge, dont les avantages ont été reconnus.

« Il est probable que cette opération, bien faite, garantira pour longtemps ce monument de l'intempérie et du contact de l'air salin auquel il est constamment exposé, surtout si, en même temps, on prend des mesures pour empêcher l'infiltration des eaux, cause certaine de la dégradation de ce morceau qui ne tardera pas à tomber par fragments, s'il restait plus longtemps exposé à ce danger.

« Tel est l'état de ce chef-d'œuvre de Puget que le bronze devrait garantir de la courte destinée que lui réserve la matière molle dont il est formé.

« J'ai souvent désiré qu'on le fît mouler par un bon ouvrier de ce genre, afin d'en conserver une fidèle empreinte qui pourrait servir un jour à le jeter en matière immortelle.

« Je suis avec respect, etc [1]. »

---

[1] Dans sa réponse, Hubac ne dit pas un mot du déplacement des Cariatides, convaincu que, soigneusement restaurées, elles seront « garanties pour longtemps ». Il a, dit-il, souvent manifesté le désir « qu'on les fît mouler par un bon ouvrier, afin d'en conserver une fidèle empreinte qui pût servir un jour (c'est-à-dire dans l'avenir, après leur ruine) à les jeter en matière immortelle ». Et ce véritable artiste dut cruellement souffrir à l'idée, émise par ses collègues de la Commission, d'arracher, comme un enfant des bras de sa mère, les Cariatides du portique qui les avait engendrées.

Après avoir pris connaissance de la lettre de M. Hubac, le sous-préfet adressa, à la date du 22 février 1827, une nouvelle lettre à la municipalité, dans laquelle il dit qu'après avoir examiné lui-même le précieux monument, il croit très-prochaine la destruction de l'œuvre de Puget « si des moyens prompts et intelligents ne sont pas employés sur-le-champ ». Il veut que les statues soient moulées en plâtre, pour, ensuite, être coulées en bronze, et qu'après cette opération, on s'occupe des procédés à employer pour les enlever et les placer de manière à assurer leur conservation. Il s'est laissé dire que la construction d'un troisième étage, depuis celle du balcon, en faisant effort sur le même mur, tend à le porter en avant. Il termine en priant le Maire de se rendre compte, sans délai, de l'état des Cariatides, et des moyens de les conserver, par un rapport développé qui pourra être fait par des personnes qu'il désigne [1].

A la suite de cette pressante lettre, une Commission fut nommée par le Maire, vicomte de Charrier-Moissard. Suivant le désir exprimé par le sous-préfet, elle fut composée de MM. de Montluisant, ingénieur en chef des Ponts et chaussées, directeur des travaux civils de la marine (Président); Pons, professeur de rhéto-

[1] Cet exhaussement de deux mètres environ, fait en 1802, n'a pu nuire en aucune façon au portique ni au mur, dont l'épaisseur est, à ras de terre, de 1 mètre 10, et, au sommet, de 50 centimètres. Le même mur présente extérieurement une surface à talus égal; et intérieurement une paroi parfaitement verticale dans toutes ses parties. Au reste Puget avait pris toutes les précautions indispensables pour la solidité de son portique, ainsi qu'il ressort des lignes suivantes, extraites du prix-fait : « .....pour la perfection duquel portique de la fasson contenue audict dessin le dict Puget fornira son travail et toute la pierre..... *à la charge que toute la pierre portera tout le corps et espesseur de la muraille et mesme la riere voussure en bas.* » Ce qui veut le dire que toutes les pierres devaient être entées dans la muraille, qui, comme je viens de le dire, a un mètre d'épaisseur, jusqu'à la paroi intérieure. Si notre artiste ne se conforma pas entièrement aux clauses de son traité, si les pierres dont sont formées les Cariatides ne pénètrent pas complétement le mur, c'est sans doute parce qu'il ne put pas se procurer des blocs assez grands pour la saillie que devaient avoir ces figures. C'est probablement pour suppléer à ce groffage incomplet qu'il établit des tirants ou longs boulons en fer dont les clavettes se voient contre la paroi intérieure du mur, et dont les têtes sont dissimulées.

Il fut autorisé à agir ainsi, puisque la municipalité lui alloua 200 livres, en sus du prix convenu de tout l'ouvrage, pour les fers qu'il avait fournis et les travaux imprévus. La délibération pour le mandat de payement de ces 200 livres est du 11 juin 1657, et le reçu de Puget est daté du 19 du même mois. (Archives communales, série CC. 229, registre.)

rique; marquis de Clinchamp, ancien professeur de dessin des élèves de marine; Hubac, maître sculpteur de la marine; et Sénéquier, professeur de dessin de la marine.

Convoquée le 1er mars, par le Maire, cette commission adressa son rapport le 3 du même mois. La lecture en fut faite le 9, au sein du Conseil municipal.

La Commission, dans ce rapport, qui, comme on voit, ne se fit pas attendre, dit que l'état de dégradation dans lequel se trouvent les Cariatides, et la nature de la pierre dont elles sont formées, lui inspirent de vives alarmes, et qu'à ces causes de destruction s'ajoute le péril, plus imminent encore, du poids plus grand qu'ont à supporter ces figures depuis que les « arcs-boutants » en fer qui traversent les blocs sur lesquels elles sont sculptées se trouvent en grande partie oxydés [1]; qu'il faut, pour leur assurer une éternelle durée, les faire restaurer et mouler, et les mettre ensuite à l'abri des intempéries et des autres causes de destruction; que le seul moyen pour atteindre ce but est d'enlever ces sculptures de la place qu'elles occupent. Elle continue son rapport par des paroles qu'on peut traduire ainsi : *Il y a autant de danger à enlever les Cariatides qu'à les laisser* [2].

La même Commission, dans une réunion postérieure, se borna à adopter à l'unanimité la résolution suivante : 1° Consolidation de la façade; 2° Reprise, avec du mastic, des fissures observées sur l'une des figures; 3° Moulage des Cariatides.

Après lecture du rapport de la Commission des Cariatides, dans la séance du 9 mars 1827, le Conseil municipal délibéra : 1° de charger M. Hubac, maître sculpteur de la marine, de la restauration du portique et des Cariatides; 2° de faire réparer le balcon de l'Hôtel de Ville par M. Gueit, architecte communal; 3° d'accorder à M. le comte de Forbin, directeur des musées royaux, l'autorisation de faire mouler, aux frais de l'État, les Cariatides, après leur restauration.

---

[1] La Commission trouve que le balcon n'a pas un support suffisant dans les deux énormes blocs (si bien retenus, pourtant) dont sont composées les figures, et elle veut remplacer ces deux soutiens par des reproductions qui, plaquées contre la façade, ne pourront, quelque précaution que l'on prenne, se soutenir qu'avec peine par elles-mêmes.

[2] Voir le rapport, aux Annexes.

Au mois de septembre suivant, le Maire écrivit au comte de Forbin que, la restauration du chef-d'œuvre de Puget étant terminée, rien ne s'opposait plus à l'exécution des ordres qu'il pourrait donner pour les faire mouler. Mais, bien que le comte de Forbin eût été informé que la restauration du balcon et des Cariatides était terminée, ce ne fut qu'au mois de juin de l'année suivante que le Maire reçut de M. Vincent, ingénieur de la marine, la lettre que voici :

« Monsieur le Maire,

« M. le comte de Forbin, directeur des musées royaux, a depuis longtemps exprimé le désir de faire mouler les Cariatides qui soutiennent le balcon de l'Hôtel de ville de Toulon, et compté sur votre amour éclairé des Beaux-Arts pour lui faciliter l'exécution de ce travail.

« Aujourd'hui, l'occasion de le faire sans beaucoup de frais lui est offerte par la présence momentanée en cette ville d'un habile mouleur italien ; et je suis invité par le conservateur du musée *Dauphin*, à qui les fonds nécessaires pour cette opération ont été accordés par la maison du Roi, à ne rien négliger pour remplir les vues de M. de Forbin.

« Les plâtres de ces monuments précieux doivent, ainsi que les belles sculptures en bois du Puget qui existaient dans notre arsenal, et que j'ai été chargé de lui expédier, faire le principal ornement du nouveau musée créé au Louvre sous la protection spéciale de M. le Dauphin, et c'est un titre de gloire pour la ville de Toulon de pouvoir tirer de son sein des objets dignes d'être présentés dans la capitale à l'admiration des savants.

« Je viens donc vous prier, Monsieur le Maire, de vouloir bien permettre que l'on commence incessamment ce travail qui durera un peu plus d'un mois, et pour lequel il sera nécessaire de pratiquer un entourage en planches autour de la porte de l'Hôtel de ville, qui est surmontée par le balcon. Les soins les plus minutieux seront pris pour qu'il n'en résulte aucune espèce de dégradation.

« J'ai l'honneur, etc.

« Toulon, 24 juin 1828. »

M. l'ingénieur Vincent confia l'exécution du moulage au mouleur italien Cariani, de passage à Toulon. Cette opération se fit dans l'arsenal, sous la direction de M. Vincent. Le moulage terminé, ce dernier écrivit au Maire que, suivant son désir, il avait fait tirer pour la ville un exemplaire des chefs-d'œuvre de Puget [1].

---

[1] Il est dit dans la *note* de M. Malcor que le mouleur livra sept épreuves. On

1852. — Vingt-quatre ans plus tard, en septembre 1852, pour recevoir le Président de la République, le Conseil municipal fit construire en charpente, sur le Carré du Port, une vaste salle de bal ; et pour la faire communiquer, au moyen d'un escalier en bois, avec le grand salon de l'Hôtel de ville, on enleva l'appui et les riches balustres cannelés en spirale de la partie antérieure du balcon de Puget. Ce fut le 28 septembre que les membres du Conseil municipal reçurent dans la vaste salle de bal improvisée le prince Napoléon Bonaparte. Dans le procès-verbal qui fut dressé à cette occasion, on trouve le passage que voici « ..... que pendant le démontage de l'appui du balcon, il a été trouvé une fiole en verre, cassée, mais contenant quelque chose ayant l'apparence du papier, mais que ce quelque chose est tombé en poussière lorsqu'on a voulu y toucher[1]. »

1861. — En 1861, une Commission municipale des Beaux-Arts fut instituée à la suite d'un arrêté du 21 décembre, pris par le maire Bravet. Furent nommés membres de cette Commission :

n'en connaît que quatre, qui se trouvent au Louvre, à Marseille, au musée naval du port de Toulon et au musée de cette dernière ville.

La Marine fournit tous les fonds nécessaires au moulage des Atlas du Puget, à leur transport à Paris, à la solde du mouleur et de son séjour à Paris, pour y surveiller la mise en place des épreuves destinées au Louvre. (Lettre de M. de Clinchamp, en date du 5 mai 1867.)

Le mouleur ne devait avoir aucun droit à la possession des moules. Pour rendre les épreuves plus précieuses, il n'en fut tiré qu'un petit nombre. Le mouleur fut autorisé à mouler les masques, pour les vendre à son profit. (Lettre de M. de Clinchamp, en date du 7 juin 1867.)

La Ville avait alloué au mouleur une gratification de 100 francs, et les frais pour le montage et la mise en place, dans la salle de la bibliothèque communale, de l'épreuve lui appartenant, ne dépassèrent pas 200 francs.

Le total de la somme dépensée pour la restauration du balcon fut de 2,733 fr. 18, tandis que la dépense pour la restauration des Cariatides n'atteignit que le total de 300 francs.

« Compte de l'ouvrage exécuté au balcon par le sculpteur.

« La réparation des thermes, celle des divers morceaux d'ornements et l'exé-
« cution en pierre de Calissanne des armes de la ville et de deux ganses de ruban,
« la somme de trois cents francs.

« HUBAC.

« Toulon, le 6 novembre 1827. »

[1] Dans cette circonstance, comme dans beaucoup d'autres analogues, l'ouvrage de Puget dut subir des chocs par suite d'un grand déplacement de pièces de charpente. La façade de l'Hôtel de ville a été un grand nombre de fois transformée, réparée ou badigeonnée depuis que le portique a été construit.

MM. Calvy, premier adjoint, président; Bleynie, ancien magistrat; Margollé (Élie), officier de marine en retraite; Clément, docteur en médecine, conseiller municipal; Girard, propriétaire, et Arnaud (Marcelin), négociant [1]. Dès les premières réunions, on s'occupa des Cariatides. Dans la séance du 14 février 1862, M. Bleynie rappelle à la Commission que peu de documents ont été publiés sur l'œuvre de l'illustre statuaire. Dans la réunion du 30 mai, le même membre attire l'attention de la Commission sur l'installation des tentes de la façade sud de l'Hôtel de ville, « qui, par leur frottement, finiraient par détruire les Cariatides ». Il propose de porter ce fait à la connaissance du Maire, afin que des ordres soient donnés pour changer la position de ces tentes [2]. Dans une nouvelle réunion, qui eut lieu le 17 juin 1865, M. Malcor, amateur distingué, devenu membre de la Commission des Beaux-Arts, lut une note, dont voici le résumé : « En 1827, le sculpteur Hubac, chargé de restaurer les Cariatides, s'occupa avec amour de ce travail, il consolida les boulons, et remplaça par des pierres de même qualité, là où c'était nécessaire, le plâtre qui avait servi pour les restaurations antérieures [3]. Ce qui contribue le plus à dégrader ce chef-d'œuvre, ce sont les infiltrations produites par les eaux qui séjournent sur le balcon. Il faudrait installer autrement les tentes des fenêtres du rez-de-chaussée de l'Hôtel de ville, car ces tentes agitées par le vent battent sur les sculptures, en sorte que quelques parties sail-

[1] A la suite d'un arrêté du nouveau maire, M. Audemar, pris le 26 janvier 1865, la Commission des Beaux-Arts fut ainsi constituée : MM. Léon Bleynie, président; Margollé; Clément; Courdouan, peintre paysagiste; Girard; Zurcher, officier de marine en retraite; Malcor, amateur de tableaux.
De la Commission des Beaux-Arts qui a fonctionné de 1861 à 1868, il ne reste, en 1886, que deux de ses membres, Courdouan et Zurcher, lesquels n'ont pas pris part aux délibérations relatives aux Cariatides.
[2] Ces tentes, qu'on ne voit plus, mais qu'on avait vues dès 1848, étaient très-rapprochées du portique. Elles étaient accrochées à la façade, et soutenues, à leurs extrémités libres, par de longues barres de bois fixées au bas de cette façade. Elles étaient manœuvrées au moyen de cordes. Ces cordes, ainsi que les pentes latérales des tentes, voire même les barres, agitées, soit par le vent, soit autrement, produisaient des frottements qui, à la longue, ont altéré ou rendu frustes quelques parties des ornements latéraux. Il faut joindre à ce mal celui plus considérable occasionné par les enfants, qui escaladaient les figures mêmes, et par les eaux mal dirigées de la pluie.
[3] En 1791, année de la restauration connue, ayant précédé celle de 1827, on n'avait pas employé le plâtre, mais un mastic composé de bonne céruse de Hollande, de noir de charbon, de bonne huile de noix et d'huile grasse.

lantes sont usées par leur frottement. » La Commission des Beaux-Arts se réunit à l'Hôtel de ville le 28 février 1867. Dans cette réunion le président dit qu'à la précédente assemblée il avait été décidé d'appeler l'attention du Maire sur la nécessité de couvrir d'un enduit les deux Cariatides, « dont la dégradation va toujours croissant », exposées qu'elles sont à toutes les érosions qu'amènent inévitablement le soleil, la pluie et l'influence du vent de la mer. Il revient sur le peu de consistance de la pierre employée par l'artiste, ce qui doit amener, dans un temps donné, par l'action du temps sur cette pierre, la ruine de ces chefs-d'œuvre [1]. Il ajoute que la Commission avait déploré que ces figures n'eussent point été coulées en bronze, seul moyen efficace de conserver aux siècles futurs l'œuvre la plus remarquable peut-être de la statuaire moderne; que les frais que devra entraîner cette opération seront considérablement amoindries, si le moule en plâtre, fait il y a une quarantaine d'années, est retrouvé, et que les recherches de ce moule, déjà commencées, ne dussent-elles pas aboutir, les frais d'un moulage nouveau seraient insignifiants eu égard à l'immense service que l'art retirerait de la conservation de l'admirable ouvrage de l'artiste provençal; car jeter en bronze les belles figures de Puget n'est pas seulement une œuvre municipale, ni d'un intérêt purement provençal, mais un éminent service à rendre à l'art.

A la suite de cette dernière réunion, on se mit à la recherche des moules des Cariatides [2]. Le 8 mars, le Maire écrivait à la Commission que, dans le cas où ces moules ne seraient pas retrouvés, il se proposait de demander au Conseil municipal les fonds nécessaires pour en faire construire de nouveaux, espérant que M. de Nieuwerkerke, surintendant des Beaux-Arts, voudrait bien accorder le bronze pour le coulage. Après bien des recherches, les moules ne furent pas retrouvés, et la Commission des Beaux-Arts se borna à faire nettoyer l'œuvre entière de Puget, après avoir fait badigeonner la façade de l'Hôtel de ville [3].

---

[1] Nous avons vu plus haut que ce ne sont pas là les véritables causes des dégradations.

[2] Lettre du 9 mars 1867, de M. Bronzi, conservateur du Musée, par laquelle il annonce qu'il croit avoir retrouvé les creux des Cariatides.
Autre lettre du 25 juin 1867, de M. Létuaire, professeur de dessin, conseiller municipal, sur le même sujet.

[3] On a pu se convaincre, en parcourant ce mémoire, que tous ceux qui, depuis

1884. Il y a deux ans, la question du déplacement des Cariatides a été de nouveau à l'ordre du jour dans le sein du Conseil municipal. Dans la séance du 6 juin 1884, M. Bassereau, premier adjoint, délégué aux Beaux-Arts, lut, en présence de tous ses collègues, un rapport tendant à l'enlèvement des figures de Puget, pour être placées dans le nouveau Musée en construction; des copies en pierre devant leur être substituées. A la suite de cette proposition, une Commission choisie parmi les membres du Conseil municipal, et dont M. Flottes, ancien professeur de rhétorique, fut élu rapporteur, délibéra, quelque temps après, de laisser les chefs-d'œuvre de Puget à la place pour laquelle ils ont été faits. Peu après, une autre Commission, composée, cette fois, de huit artistes, de trois Conseillers et du Maire, M. Dutasta, comme président, se réunit à l'Hôtel de ville. Dans leur unique réunion du 31 janvier 1885, les membres de cette dernière Commission, après mûr examen, décidèrent à une très-grande majorité qu'il ne fallait pas déplacer les figures de Puget. Voici l'extrait du procès-verbal ou rapport officiel fait à la suite de cette réunion :

« Une Commission, composée de MM. Allar aîné, architecte; Allar cadet, statuaire; Magaud, peintre d'histoire, directeur de l'École des Beaux-Arts de Marseille; Dutasta, maire de Toulon; Bassereau, adjoint délégué aux Beaux-Arts; Flottes, rapporteur de la Commission municipale; Nicolaï, conseiller municipal; Sève, architecte de la Ville; Courdouan, Bronzi, Décoreis et Ginoux, peintres à Toulon, a été nommée pour rechercher les moyens qu'il conviendrait d'adopter en vue de préserver de la ruine les Cariatides de Puget.

« Réunis à l'Hôtel de ville, le 31 janvier 1885, les membres de cette Commission, après un examen attentif de l'état de dégradation dans lequel se trouvent les Cariatides, ainsi que les autres parties décoratives du portique, sont retournés dans la salle réservée pour leurs séances.

le dix-septième siècle, ont eu l'idée de déplacer les Cariatides, ont été arrêtés par la difficulté de l'opération et par la crainte de les perdre en les descellant et les transportant. On a pu s'assurer aussi que les Commissions municipales qui ont eu à s'occuper de leur destinée se sont bornées à en recommander la restauration ou un simple nettoyage, et, par prévoyance, la reproduction en matière qui pût défier l'œuvre de destruction des siècles.

« Présidant à leur réunion, après en avoir déterminé le but, qui est de rechercher le moyen de retarder le plus possible la destruction de l'œuvre de Puget, le Maire a invité la Commission de décider s'il conviendrait de transporter cette œuvre (les Cariatides seulement) dans un lieu abrité, sans tenir compte de la décision qui, il y a peu de temps, a été prise par une autre Commission exclusivement composée de conseillers municipaux ; cette décision étant « le maintien des Cariatides à la place qu'elles occupent ». Cette solution ayant à nouveau obtenu la majorité des suffrages, le Maire a prié les membres de la Commission de présenter leurs observations sur la question de restauration du portique et des Cariatides.

« M. Bassereau, mû par des sentiments qui l'honorent, mais aussi, croyons-nous, par des craintes exagérées, exprime ses vifs regrets de ce que le nouveau Musée ne puisse offrir un asile protecteur au magnifique ouvrage dont le grand sculpteur a doté sa ville adoptive. Il dit, ensuite, que, étant donné le mauvais état dans lequel se trouve l'Hôtel de ville, qui, dans un temps plus ou moins éloigné, devra être démoli, il serait plus prudent de procéder, dès aujourd'hui, au transfert des Cariatides au Musée. Cependant, ajoute-t-il, il se rangera à l'avis de la Commission, en faisant uniquement des vœux pour leur conservation. M. Allar, statuaire, prend la parole pour exposer l'état de dégradation des Cariatides et des ornements qui les accompagnent. Au sujet de leur transfert, il dit que si, plus tard, l'Hôtel de ville doit être démoli, le moment sera alors plus opportun pour transférer avec moins de danger les Cariatides de l'immortel Puget ; mais il pense, néanmoins, ainsi que plusieurs autres membres de la Commission, que si la Maison commune devait, un jour, être réédifiée, il serait plus sage de faire du portique actuel le principal motif de décoration de l'Hôtel de ville reconstruit, en avisant, en même temps, au moyen de lui rendre ses proportions de hauteur primitives, soit en l'exhaussant, soit en mettant à jour la partie de sa base ($0^m,50$ environ) cachée par l'élévation plus grande du sol à la suite de la reconstruction du quai. M. Allar cède la parole à M. Magaud, qui fait part de la surprise qu'il a éprouvée à la vue de la conservation si parfaite des torses, des têtes et de quelques autres parties des belles figures de Puget, ce qui lui fait augurer que si l'on en prend soin, elles braveront pendant de longues années encore les injures du temps. Il fait observer que les parties détériorées de ces figures et des ornements qui les entourent, l'ont été par les eaux pluviales, et, surtout, par le contact des hommes et les chocs divers auxquels elles ont été exposées à différentes époques. Il termine en formant des souhaits pour que ces accidents ne se renouvellent plus. M. Allar, architecte, qui a devancé la Commission en faisant une étude détaillée de la construction du portique, et de son état actuel, fait remarquer que le chénau et les gargouilles, disposés autour du balcon, n'ont pas une dimension suffisante, et que, par suite, les eaux, surtout lorsqu'il pleut abondamment, ne peuvent s'échapper par ces conduits, qui, de plus, sont ordinairement obstrués à cause de cette dimension insuffisante. Il en résulte, ajoute-t-il, qu'une partie des eaux de la pluie, en séjournant sur la plate-forme du balcon, dont le plomb est usé, s'infiltrent dans le massif par les joints des dalles de ladite plate-forme, tandis que l'autre partie, qui ne peut être reçue par le chénau et être déversée au loin par les gargouilles, en coulant sur les figures, etc., en altère en partie les formes. Il a trouvé que le monument de Puget était composé de pierres de qualités différentes, celles dont sont formées les Cariatides étant de la meilleure pierre de Calissanne, celles des pieds-droits de la porte étant de la pierre d'Arles, ou de Calissanne inférieure. Plusieurs autres membres, en prenant part à la discussion, apportent de nouvelles lumières sur les moyens de préserver les Cariatides des dangers qui pourraient les menacer.

« La Commission, après s'être arrêtée aux solutions qui ont obtenu le plus grand nombre de suffrages, émet les vœux suivants : 1° que les Cariatides, ainsi que tout le reste du portique, soient restaurées avec des pierres de même nature, autant que possible, que celles qui les composent ; 2° que le chénau et les gargouilles en plomb du balcon soient modifiés, pour que, à l'avenir, il n'y ait plus d'infiltration par les joints des pierres, ni d'écoulement nuisible ; 3° qu'il soit établi, l'une à droite, l'autre à gauche, deux marquises très-légères, bien qu'en verre et en fer, pour que les parties latérales des Cariatides soient à couvert de la pluie ; 4° qu'une grille en fer soit disposée de manière que, en en empêchant les abords, on ne puisse toucher au portique [1].

---

[1] Il y a un certain temps, pour empêcher de toucher aux sculptures, on avait

« Après avoir nommé son rapporteur, la Commission, sur la proposition du Maire, émet également le vœu que MM. André et Gaudensi-Allar soient chargés d'établir un devis estimatif de la dépense que nécessitera la restauration des parties endommagées de l'œuvre de Puget. »

Toulon, le 13 février 1885.

Le rapporteur,
Ch. GINOUX.

PIÈCES JUSTIFICATIVES.

I

PRIX FAIT DES CARIATIDES.

« Promesses de prix fait pour la communauté de Tollon contre sieur Pierré Puget et Jacques Richaud.

« L'an mil six cent cinquante-six et le dix-neuvième jour de janvier, apres midy soubz le regne heureux de tres chrestien prince Louys quatorsieme par la grace de Dieu roy de France et de Navarre comte de Provence, et par devant moy notaire royal de ceste ville de Tollon soubzsigné, establis en leurs personnes Messieurs Charles Gavot et Pierre Garnier escuyers consuls lieutenans pour le Roy au gouvernement de la dite ville seigneurs de la Valdardennes, lesquels pour et au nom de la communauté dudit Tollon, promettant faire ratiffier ces présentes a leur conseil à la première assemblée d'icelluy exams de tous despens domages et intheres ont biallé à prix fait à Pierre Puget, maître sculpteur, habitant la mesme ville present acceptant et stipulant promettant de faire bien et duebment et poser à l'hostel de ville en la fasse du coste de midy, un portique lequel sera taillhé et posé tout ainsy qu'il est demonstré par le dessain que ledit Puget a faict et remis es mains de moi dit notaire, signé par lesdits sieurs consuls, le dit Puget et sa cauption pour y avoir recours ; suyvant et conformément auquel dessain ledit Puget sera tenu observer audit portique toutes les mezures et proportions soit pour l'architecture, figures et autres ornemans que y seront représentés, et lequel portique sera fait de pierre de Calissane de la plus belle, fors et excepte les embassemens qui seront faict de pierre de ceste ville et les boulles de la définition du pie-

disposé devant le portique une grille demi-circulaire. Cette grille, haute de un mètre environ, a été supprimée sous une des précédentes municipalités.

destal du balcon qui seront de pierre gasprée qu'on tire de la pierriere de la Sainte-Baulme; pour la perfection duquel portique de la fasson contenue audit dessain, ledit Puget fornira son travail et toute la pierre, les dits sieurs prometans de faire fournir par ladite communauté tous les matériaux nécessaires, mesmes les macons qui arresteront la dite tailhe ou pour faire estayer la fassade de ladite maison et autres manœuvres quy seront nécessaires, et promet ledit Puget avoir faict et parachevé ledit portique ainsy qu'il la représanté a son dessain, à la charge que toute la tailhe portera tout le corps et espesseur de la muraille et mesme lariere voussure en bas, au jour et feste de saint Jean-Baptiste prochain moyennant la somme de mil cinq cens livres, laquelle somme lesdits sieurs consulz prometent faire payer audit Puget, scavoir six cens livres par tout demain, et le restant à proportion de la besoigne, a la reserve de trois cens livres qui luy seront payées lorsque ledit portique sera fait, parachevé et acepté et icy present Jacques Richaud maitre tailheur de pierre dudit Thollon, lequel bien informé du contenu au susdit prix fixé à la réquisition dudit Puget c'est pour luy envers ladite communauté de Tollon, lesdits sieurs consuls aceptant randu et constitué plege caupion principal observateur du contenu en icelluy et des promesses faites par ledit Puget, et reçu d'hoc le premier convenu, renonceant a ces fins a la loy du principal et a tout ordre de dixention; duquel aplegement ledit Pluget promet rellever indampne ledit Richaud par ces presentes que lesdites parties prometen observer et accomplir a paine de tous despens, domages et intherez soubz l'obligation des biens rentes et revenus de ladite communauté de Tollon, suyvant le pouvoir desdits sieurs consuls, etc. [1].

« ARNAUD, notaire. »

II

PRIX FAIT DE LA PORTE, DU BALCON ET DU BUSTE DE LOUIS XIV.

« 1659, 10 janvier, prix fait de la porte du balcon et du buste de Louis XIV. Ont baillé et baillent à prix fait, à sieur Pierre Puget, peintre de cette ville, présent, stippullant de fere une porte de noyer bonne marchandises et acceptable sans aucungz manquement et crevassures pour fermer le balcon. — Sur laquelle porte mettra ledit sieur Puget la figure du Roy dans une niche de pierre de taille bien et doublement pollie avec son lustre, du dessoubz de la quelle niche y mettra une lettre d'attente de la mesme pierre en la forme et travailh susdict, où sera gravé dans icelle

[1] Archives communales, série DD. 6 (registre), p. 233.

quelque vers à la louange du Roi telz que luy seront donnés par escript par lesditz sieurs consulz. Toutes les lettres d'iceulx seront de cuivre ou laton doré d'or moslu [1]..... » Arch. com. BB. 62 (Registre), p. 182.

III

LETTRE COMMUNIQUÉE AU MAIRE PAR LE SOUS-PRÉFET, ET LUE DANS LA SÉANCE MUNICIPALE DU 3 MAI 1825.

« Un monument qui honore la ville qui a l'honneur de le posséder, qui attire les regards de tous les étrangers qui la visitent, qui jadis excita l'admiration du Bernin et celle de Louis XIV, les figures qui soutiennent le balcon de l'Hôtel de ville de Toulon, sont menacées d'une destruction prochaine et inévitable.

« Déjà elles ont subi, sous le nom de restaurations, des altérations plus ou moins considérables; elles ont été plusieurs fois peintes et raclées, et on a fait disparaître quelques-unes de ces finesses de l'art, inaperçues du vulgaire, mais qui charment le connaisseur [2].

« Au dire des artistes, ou pour me servir d'un mot usité, l'*âme* seule de ces figures est de pierre. Le Puget l'a recouverte d'un *stuc* auquel sa main savante a donné la vie. Mais cette enveloppe est en quelques endroits

---

[1] Il a été dit dans une note précédente que pendant la période révolutionnaire on refit, après avoir détruit le buste de Louis XIV, la porte plein cintre primitive encadrée de moulures. D'après un grand dessin à la plume et lavé à l'encre de Chine, dû au sculpteur Félix Brun, et appartenant à M. Malcor, fils aîné, commissaire général de la marine, cette porte avait la même hauteur que les fenêtres rectangulaires du même étage qu'on voit aujourd'hui, et qui avaient été refaites en 1741. D'après le même dessin, la niche renfermant le buste de Louis XIV se trouvait entre les fenêtres du deuxième étage, qui terminait alors la façade, et la table de pierre polie sur laquelle était une inscription, en lettres de cuivre doré, à la louange du Roi, était située immédiatement au-dessous, entre la porte du balcon et la niche. Le dessin de Brun représente une fête donnée sur le Carré du Port, à l'occasion de la présence à Toulon, dans les premiers jours d'août 1777, du duc de Chartres et de la duchesse. Brun dut faire ce dessin plus tard, car, en 1777, il n'avait que quatorze ans.

[2] On a vu que, lors des restaurations de 1735 et 1761, les Cariatides ne furent que nettoyées et peintes, et que, en 1791, ces figures furent également peintes, après qu'on en eut mastiqué les bras droits. Suivant moi, les Cariatides n'étaient guère plus endommagées en 1825 qu'en 1791, où l'on jetait le même cri d'alarme. « L'homme éclairé » qui, en 1825, écrivait au sous-préfet, aurait dû, avant d'exprimer ses craintes, s'assurer de quelle matière étaient composés les thermes de Puget.

Quelques membres de la Commission de 1827 croyaient également, avant la lecture du marché passé, en 1656, entre Puget et les consuls, que les Cariatides étaient en stuc.

prête se détacher. On aperçoit des fentes, et le bras même d'une de ces figures est sur le point de tomber.

« L'Administration municipale attendra-t-elle que le mal soit devenu irréparable pour y porter remède? Elle qui se montre si empressée d'enrichir la ville de nouveaux monuments, s'exposera-t-elle au reproche d'avoir laissé périr cet admirable ouvrage? Ne doit-elle pas, dès à présent, s'occuper des moyens d'en obtenir une copie exacte qui le reproduise et lui assure une éternelle durée? Ce soin peut être confié à un mouleur habile. On aura, par ce moyen, et à peu de frais, des copies dont la Ville pourra enrichir les Musées de la capitale et ceux des principales villes du royaume. Elle contribuera par ce moyen à accroître la gloire de Puget, en faisant mieux connaître un de ses chefs-d'œuvre, et acquittera ainsi la dette qu'elle a contractée envers ce grand homme.

« On pourra ensuite couler ces figures en bronze, et, si une Commission composée d'hommes de l'Art juge la chose possible, enlever les Cariatides de la place où elles sont, et leur substituer ces copies fidèles et inaltérables.

« Les originaux placés dans l'intérieur de l'Hôtel de ville et désormais à l'abri des injures de l'air, seront assurés de l'immortalité. »

IV

LETTRE DU SOUS-PRÉFET AU MAIRE, A LA DATE DU 22 FÉVRIER 1827.

« MONSIEUR LE MAIRE,

« J'ai eu l'honneur de vous écrire dernièrement dans l'intérêt de la conservation des deux statues qui soutiennent le balcon de l'Hôtel de ville. Je crois devoir vous adresser dans le même but quelques observations nouvelles, résultant de l'examen que j'ai fait moi-même de ce précieux monument.

« La destruction très-prochaine de ce chef-d'œuvre de Puget est assurée, si des moyens prompts et dirigés avec intelligence ne sont pas employés sur-le-champ. Il ne s'agit donc plus de recourir à des enduits et autres palliatifs qui ne feraient que retarder de quelques moments une ruine qu'on n'a pas su ou pas voulu prévenir.

« Il faut que ces statues soient d'abord moulées en plâtre, et ensuite coulées en bronze. On verra, après cette opération, quels seront les procédés à employer pour les enlever et les placer de manière à assurer leur conservation.

« Tout ce que je viens de dire est commandé par l'état du balcon dégradé dans plusieurs de ses parties, ce qui hâte encore la destruction des Cariatides. On assure même que l'exhaussement d'un étage qui a eu lieu à l'Hôtel de ville, depuis la construction du balcon, a fait perdre l'aplomb au mur de face, et que, d'un autre côté, le poids de ce balcon fait effort sur le même mur et tend à le porter du côté du port, autre cause de destruction de nos précieuses statues.

« Veuillez bien, Monsieur le maire, vous rendre compte sans délai et par un rapport développé : 1° sur l'état des Cariatides et les moyens de conservation à employer, mais des moyens certains, durables, et non pas de vains palliatifs ; 2° sur l'état du balcon, sa solidité, son mérite sous le rapport de l'Art, ses moyens de conservation ou de restauration ; 3° sur l'état du mur de face de l'Hôtel de ville, du côté du port, sur l'action que le poids du balcon peut exercer sur lui, sur sa solidité, sur les moyens à employer pour le consolider.

« Ce rapport que je vous prie de m'adresser, Monsieur le Maire, pourra vous être fait par MM. Hubac, de Clinchamp, Pons, Gueit et Sénéquier. Si les lumières de M. Montluisant vous étaient nécessaires, je ne doute pas qu'il ait l'extrême complaisance de vous en prêter le secours.

« Vous pourriez également demander à ces Messieurs de vous faire connaître qu'elles seraient les sommes nécessaires pour l'exécution des travaux à entreprendre.

« Dès que le rapport vous sera parvenu, vous voudrez bien me le transmettre sans délai, et je vous prie d'y mettre toute l'activité possible.

« Agréez, etc. »

V

RAPPORT DE LA COMMISSION DES CARIATIDES (1827)

« Les figures qui soutiennent le balcon de l'Hôtel de ville de Toulon ont subi, à diverses époques, des restaurations qui, exécutées par des mains inhabiles, ont été plus nuisibles qu'utiles. L'état de dégradation dans lequel elles se trouvent aujourd'hui cause de vives alarmes à tous les amis des Arts et de la gloire de Puget. Ces alarmes sont partagées par une Administration vigilante et éclairée qui s'honore elle-même en veillant à la conservation d'un monument que notre ville est fière de posséder.

« M. le maire nous ayant réunis, le 1ᵉʳ du courant, dans une des salles de l'hôtel de ville, nous a consultés sur les questions suivantes : 1° Peut-on espérer de conserver le monument par des restaurations nouvelles, faites avec soin et intelligence ? 2° Dans le cas contraire, quels sont les moyens les plus prompts et les plus efficaces pour les sauver de la destruction qui les menace?

« Notre premier soin a dû être de constater par un examen attentif l'état actuel du monument. La lecture du marché passé, en 1656, entre Puget et l'autorité municipale, et ensuite la vue d'un fragment détaché d'un bras d'une des figures, nous ont convaincus que la matière employée par l'artiste était le calcaire, connu sous le nom de pierre de Calissanne. Ce calcaire est composé d'éléments grossiers et qui n'ont pas entre eux une forte adhérence; il en est résulté en plusieurs endroits des fissures qui ne peuvent manquer de devenir plus profondes et plus nombreuses par l'infiltration des eaux pluviales et par l'action sans cesse renouvelée du soleil, ainsi que des sels dont l'air est chargé au voisinage de la mer.

« A cette première cause de destruction se joint un péril plus imminent encore.

« Pour soutenir le balcon et diminuer ainsi le poids énorme qui pèse sur les deux Cariatides, on avait imaginé de placer dans la partie supérieure deux arcs-boutants en fer [1]. Oxydés en grande partie, ils sont désormais incapables de remplir leur destination. L'architecture lourde et massive du balcon repose donc tout entière sur les deux figures qui, ayant ainsi à supporter un poids beaucoup plus considérable que celui qui leur avait été destiné primitivement, ont à redouter des accidents aussi graves qu'irréparables [2].

« Leur existence pourrait être prolongée par des restaurations partielles, et les restaurations pourraient être regardées comme suffisantes s'il s'agissait d'un ouvrage médiocre et facile à remplacer; mais il est question ici d'un chef-d'œuvre de l'Art. C'est un dépôt que nous avons reçu de nos pères, et que nous devons transmettre à nos descendants. Il faut donc, pour lui assurer une éternelle durée, s'occuper sans délai de le faire restaurer et mouler, et le mettre ensuite à l'abri des intempéries de l'air et des autres causes de destruction auxquelles il est exposé aujourd'hui.

« Pour atteindre ce dernier but, il n'est qu'un moyen, c'est d'enlever les sculptures de la place qu'elles occupent. Peut-on le tenter sans risquer de les perdre? Oui, si cette opération est confiée à des ouvriers intelligents, dirigés par des artistes dignes appréciateurs du monument confié à leurs soins. Pour mieux nous convaincre de la possibilité du succès, M. de Clinchamp nous a communiqué un mémoire dans lequel il

---

[1] Ce sont les boulons dont il a été parlé plus haut.
[2] Par sa construction, le balcon se soutient par lui-même et n'est pas aussi lourd qu'on le pense, tous les acrotères ou piédestaux étant évidés.

détaille avec beaucoup de clarté les procédés que l'on pourrait employer [1].

« Au reste, quels que soient ceux que l'on croira devoir adopter, et dont l'examen devra être l'objet d'un travail spécial, nous avons reconnu que l'opération était en elle-même *aussi dangereuse qu'elle était nécessaire*.

« Mais, avant de procéder au déplacement de ces figures, il sera convenable de disposer un local pour les recevoir. Ce local pourra dans la suite devenir un Musée, dont les sculptures de Puget seront le plus bel ornement, et où l'on recueillera les antiquités que l'on trouve parfois dans nos environs, les objets d'Art que l'on pourra obtenir du Gouvernement, et ceux enfin donnés par les artistes et particuliers. Si l'on avait songé plus tôt à créer un établissement semblable, nous n'aurions pas aujourd'hui à déplorer la perte d'un grand nombre de monuments intéressants et pour les Arts et pour notre patrie.

« Quand les figures qui soutiennent le balcon de l'Hôtel de ville auront été ainsi enlevées et mises en sûreté, on pourra les remplacer, soit par une copie jetée en fonte, soit par la construction d'un nouveau portique plus en harmonie avec la façade actuelle de l'Hôtel de ville.

« Mais avant de s'occuper de la préférence à donner à l'un ou à l'autre de ces projets, nous avons pensé qu'il fallait attendre que l'autorité compétente eût prononcé définitivement sur les vues que nous venons d'exposer en réponse aux questions qui nous ont été faites [2].

« *Ont signé :* Pons, de Clinchamp, Montluisant, Sénéquier et Hubac. »

---

[1] Je n'ai pu me procurer ce mémoire.

[2] Les craintes exprimées dans ce document n'étaient aucunement motivées, car, ainsi qu'il a déjà été dit, et comme on peut s'en assurer, la pierre dont sont formées les Cariatides est excellente et n'a nullement souffert. Lors de la dernière et récente restauration (1886), il y avait cinquante-neuf ans que ces belles figures, de même que le balcon, n'avaient pas été restaurées; eh bien, malgré les frottements et les chocs divers qu'elles ont subis pendant ce long espace de temps, les dégradations qu'on y rencontrait ne se trouvaient guère plus grandes ni plus nombreuses qu'autrefois. Les fentes ou joints, un au bras droit de chaque figure, n'étaient, depuis longtemps, plus recouverts de mastic, et cependant les parties rapportées de ces bras n'ont pas bougé d'un iota. En examinant le monument, on s'apercevait que quelques parties des sculptures exposées aux atteintes de plusieurs sortes, bien qu'élevées, ainsi que celles qui sont à portée de la main des passants, étaient plus ou moins dégradées, tandis que les autres parties, saillantes ou rentrantes, que leur situation préserve des chocs, et qui ne sont pas exposées à recevoir les eaux mal dirigées du balcon, n'avaient subi aucune altération. La couche de peinture qui, il est vrai, avait une grande épaisseur et empâtait de nombreux détails, n'avait pas même été entamée dans ces parties.

VI

LETTRE DE L'INGÉNIEUR VINCENT AU MAIRE.

« Monsieur le Maire,

« Lorsque vous m'avez autorisé à faire mouler pour le Musée royal les Cariatides qui soutiennent à Toulon le balcon de l'Hôtel de ville, vous avez exprimé le désir qu'il fût tiré pour la Ville une épreuve de ces chefs-d'œuvre de Puget. J'ai fait exécuter ce travail, qui pourra être remis vers la fin de la semaine prochaine.

« Mais, comme il est composé de plusieurs pièces, et qu'il ne peut être conservé sans risque de détérioration qu'autant que ces différentes parties seront immédiatement assemblées et placées dans la position qu'elles doivent occuper, j'ai l'honneur de vous prier de vouloir bien désigner à l'artiste qui en sera chargé, l'emplacement que vous leur destinez, et mettre à sa disposition les moyens nécessaires pour les y fixer d'une manière invariable.....

« Toulon, 31 décembre 1828. »

VII

COMMISSION DES BEAUX-ARTS INSTITUÉE EN 1861.
NOTE LUE PAR M. MALCOR, DANS LA SÉANCE DU 17 JUIN 1865.

« En 1827, le sculpteur Hubac fut désigné par le Conseil municipal de Toulon pour restaurer les Cariatides du balcon de l'Hôtel de ville. Il s'occupa de ce travail avec amour; il consolida les boulons de fer qui retiennent entre elles les pierres tendres de petite dimension qui ont servi à la sculpture des Cariatides [1]. Ensuite, il fit disparaître les anciennes restaurations en plâtre, lesquelles avaient été faites d'une manière peu intelligente, et remplaça aux endroits absolument nécessaires ce plâtre par des pierres de même qualité.

---

[1] Dimensions approchées de chacune des deux pierres dans lesquelles sont sculptées les Cariatides : hauteur, $0^m,90$; largeur, $0^m,80$; profondeur, $1^m,40$.
La pierre dans laquelle sont formés les nus, tête, torse et bras de la figure à gauche du spectateur, ne s'étant pas trouvée assez large, Puget remédia à ce manque de matière en ajoutant une autre petite pierre, pour pouvoir faire le coude, ainsi que les parties avoisinantes, du bras droit. Le mastic qui dissimulait le joint étant tombé, on a cru, jusqu'aujourd'hui, que le bras avait été cassé en cet endroit. La partie du coude du bras droit de la figure de droite est également rapportée, mais elle n'est pas de la main du grand maître. Elle a pu être primitivement ajoutée par Puget, puis, brisée, elle a été remplacée par un autre que ce dernier.

« Lorsque ces Cariatides furent parfaitement restaurées, une Commission fut nommée pour examiner une proposition de moulage faite, en 1826, par M. le marquis de Clinchamp.

« Sur le refus de la mairie de fournir les fonds nécessaires pour ce travail, M. de Clinchamp s'adressa à M. Vincent, ingénieur des constructions navales de la marine, qui obtint du ministre la somme nécessaire pour solder le travail du mouleur Cariani, « qui livra seulement sept épreuves ».

« M. de Clinchamp proposait de faire enduire, après restauration, les Cariatides de l'enduit imperméable de M. Maison-Rouge, mais je crois que l'on ne se servit que d'un enduit à l'huile siccative.

« Il y a bientôt quarante ans que les Cariatides ont été restaurées; il ne reste rien de l'enduit ou peinture apposée pour les sauvegarder, et aujourd'hui il devient indispensable de mastiquer et raccorder certaines parties disjointes. Ce travail doit être confié, comme précédemment, à une main intelligente et sûre, et il faut, de plus, comme complément de restauration, passer sur toute la surface de la sculpture le meilleur enduit hydraulique connu.

« Ce qui contribue le plus à dégrader ce chef-d'œuvre, ce sont les infiltrations produites par les eaux pluviales qui séjournent sur le balcon. Il y aurait à remédier à cet inconvénient.

« Il faudrait aussi installer les tentes des fenêtres du rez-de-chaussée de l'Hôtel de ville, afin que poussées par le vent, elles ne puissent pas venir battre sur les sculptures, ce qui a lieu maintenant. Les angles saillants des matières se sont usés par le frottement des rideaux desdites tentes [1]. »

La Commission, après avoir entendu avec intérêt la lecture de cette note, en adopte unanimement les conclusions, et prie M. le président de bien vouloir en faire l'objet d'une communication à M. le maire.

Pour extrait, *le Président,*
Léon BLEYNIE.

VIII

COMMISSION DES BEAUX-ARTS. — CARIATIDES

« Aujourd'hui 28 février 1867,

« La Commission des Beaux-Arts instituée à Toulon, s'est réunie à l'Hôtel de ville.

---

[1] Pour l'installation de ces tentes, voir page 20, note 1.

« Étaient présents :

« MM. Léon Bleynie, *président* ; Élie Margollé, *secrétaire* ; Malcor, Girard. (Absents : Clément, Courdouan et Zucher.)

« M. le président expose qu'à la dernière réunion la Commission avait décidé que l'attention de M. le maire serait appelée sur la nécessité de faire couvrir d'un enduit quelconque les deux Cariatides de Puget, soutenant le balcon de l'Hôtel de ville, œuvre d'Art si remarquable dont la dégradation va toujours croissant, exposées qu'elles sont à toutes les érosions qu'amènent inévitablement le soleil, la pluie et l'influence du vent de la mer.

« Cette délibération transmise à M. le maire, avec la copie du rapport de M. Malcor, dont les conclusions avaient été adoptées, aurait donné lieu d'examiner à fond l'importante question de la conservation de ces chefs-d'œuvre, qui, en un temps donné, devaient fatalement disparaître, par l'action du temps sur la pierre peu consistante employée par l'artiste.

« Déjà, à plusieurs reprises, la Commission avait déploré que ces Cariatides n'eussent point été coulées en bronze, seul moyen efficace de conserver aux siècles futurs l'œuvre la plus remarquable peut-être de la statuaire moderne.

« Cette opinion, que la Commission sait être cette pensée personnelle de M. le maire, lui semble devoir forcément arriver à l'état de fait accompli, parce qu'elle est le remède le plus complet à ces détériorations, que les demi-mesures n'arrêteront jamais que dans une limite plus ou moins restreinte.

« Les frais que devra entraîner cette opération seront considérablement amoindris, si le moule en plâtre, fait il y a une quarantaine d'années, est retrouvé.

« Mais, les recherches dont ce moule a déjà été l'objet [1] ne dussent-elles point aboutir, les frais d'un moulage nouveau fait par un mouleur des Musées de l'État ne seraient qu'une dépense insignifiante (deux ou trois mille francs) eu égard à l'immense service que l'Art retirerait de la conservation de ces admirables manifestations du génie si complet de l'artiste provençal.

« D'après ces considérations, la Commission est heureuse de s'associer à l'intelligente pensée de M. le maire, et elle en hâte de tous ses vœux la plus prochaine réalisation, attendu que chaque instant de retard peut entraîner les plus fâcheuses conséquences.

« Ainsi, déjà, le moulage qui aura lieu ne reproduirait plus la pensée complète de l'artiste dans toute sa pureté native, car la réparation faite

---

[1] On n'a jamais pu savoir ce que sont devenus les moules des Cariatides.

par Hubac a dû s'en éloigner plus ou moins, quel qu'ait été le talent d'Hubac, et avec quelques soins qu'il ait respecté la pensée du grand maître.

« Jeter en bronze les admirables Cariatides du Puget, ce n'est pas seulement une œuvre municipale, ni d'un intérêt purement provençal, c'est un éminent service rendu à l'Art, un de ces faits qui ont une très-grande portée, parce qu'ils conservent à l'écrin artistique de la France un de ses joyaux les plus précieux, et à la manifestation de la pensée par le ciseau du sculpteur, un de ces types de perfection qui concourent, en une large mesure, au développement intellectuel d'une nation.

« Et ce dernier aspect de la question porte la Commission à penser que les frais d'un nouveau moulage, s'il y avait lieu d'y procéder, seraient seuls à la charge de la Ville, car l'État, sur la demande de M. le maire, s'empresserait de fournir le métal nécessaire, comme il fournit le marbre avec une libéralité si facile à certains statuaires encore peu connus, mais auxquels il vient en aide, en escomptant avec intelligence les promesses de l'avenir.

« Ainsi délibéré à Toulon, le jour, mois et an que dessus.

« *Le président de la Commission des Beaux-Arts,*

« Léon BLEYNIE. »

IX

Séance du Conseil municipal du 23 juin 1868, sous la présidence du maire.

« MM. Abel et Ricoux font observer qu'il est à leur connaissance qu'on s'est servi de lames d'acier pour nettoyer les Cariatides; il leur semble difficile que ce chef-d'œuvre n'ait pas eu à souffrir du contact de l'acier.

« M. le maire dit [1] : Les explications fournies par M. Margollé prouvent que la Commission des Beaux-Arts, d'accord avec l'Administration, s'est constamment préoccupée, avec la plus vive sollicitude, de la situation des Cariatides.

« En ce qui concerne les outrages récents qu'auraient subis ces admirables statues, orgueil de notre cité, je ne puis que protester de toutes mes forces contre des allégations qui, déjà, sont colportées partout, au grand détriment de la justice et de la vérité.

« Le rebadigeonnage de la façade de l'Hôtel de ville a été exécuté avec l'ordre formel de ne pas toucher aux Cariatides. J'ai moi-même plusieurs

[1] M. Audemar s'étant démis de ses fonctions de maire, ce fut M. Allègre qui le remplaça.

fois donné cet ordre, et on s'y est conformé. On s'est borné à faire disparaître les amas de poussière et les souillures superficielles, et tout le monde peut s'assurer que l'œuvre immortelle de Puget n'a nullement souffert.

« M. Létuaire, conseiller municipal, dit : Messieurs, permettez-moi de vous faire connaître mon sentiment sur l'état dans lequel se trouvent les Cariatides de Puget. J'ai examiné de près ces chefs-d'œuvre, et je puis affirmer au Conseil qu'ils n'ont pas eu à souffrir des travaux de restauration de la façade de l'Hôtel de ville. Ils ont été respectés par les ouvriers, comme ils devaient l'être, et ceux qui ont mis en circulation l'affirmation contraire se sont étrangement trompés [1]. »

X

PROPORTIONS PRINCIPALES DU PORTIQUE

Hauteur, du sol actuel au niveau du dessus de la corniche que surmonte le balcon . . . . 4^m,90
A laquelle hauteur il convient d'ajouter environ 0^m,50, pour la partie cachée de la base, ce qui fait. . . . . 5^m,40
Largeur, entre les deux extrémités de la corniche . . . . . . 4^m,90
Saillie, du nu de la façade à la partie la plus saillante de la corniche . . . . 1^m,68

CARIATIDES.

Saillie, en mesurant du nu de la façade. . . . . 1^m,50
Hauteur, si elles étaient en pied et debout. . . . . 3^m,00
Dimensions approchées des deux pierres dans lesquelles elles

[1] Rapporteur de la Commission de 1885, spécialement chargée par le maire de rechercher les moyens de préserver de la ruine les Cariatides de Puget, j'ai dû fouiller dans les anciennes archives de la ville. Outre les documents inédits que j'ai rencontrés dans ces archives, j'ai eu entre les mains, avant qu'il fût déposé à la mairie, le registre grand in-folio de 128 pages dans lequel se trouvent consignés les délibérations, rapports, etc., ayant trait aux Cariatides, de la Commission municipale des Beaux-Arts ayant fonctionné du 17 janvier 1862 au milieu de l'année 1868.
On a pu se convaincre, en parcourant ce mémoire, que tous ceux qui, depuis le dix-septième siècle, ont eu l'idée de déplacer les Cariatides, ont été arrêtés par la difficulté de l'opération et la crainte de les perdre en les descellant et les transportant. On a pu s'assurer, en même temps, que les Commissions municipales qui ont eu à s'occuper de leur destinée se sont bornées à en recommander la restauration ou un simple nettoyage, et, par prévoyance, la reproduction, au moyen du moulage, en matière qui pût défier l'œuvre de destruction des siècles.

sont sculptées; chaque figure, depuis le haut de la tête jusques au-dessous des hanches, étant taillée dans une de ces pierres.

Hauteur . . . . 0^m,90
Largeur . . . . 0^m,80
Profondeur . . . . 1^m,40

(Les deux fentes qu'on trouve, une à chaque bras droit, sont les joints des coudes rapportés par Puget, la pierre lui ayant manqué.)

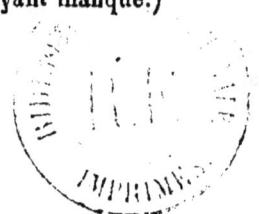

PARIS. — TYPOGRAPHIE DE E. PLON, NOURRIT ET Cⁱᵉ,

RUE GARANCIÈRE, 8.

www.ingramcontent.com/pod-product-compliance
Lightning Source LLC
Chambersburg PA
CBHW060525050426
42451CB00009B/1164